Los Planos de mi Ciudad

alexiev gandman

A Caro el amor de mi vida.
A mis docentes-amigos (Graciela, Istvan, Mónica)
que me ayudaron a hacer este sueño realidad.

libros - álbum del eclipse

Director: Istvan Schritter
"Octogonal de Honor 2004",
CIELJ-RICOCHET, Francia.

Diseño: Alexiev Gandman

Diagramación y armado:
Verónica Tallarico y Leticia Kutianski

© Ediciones del Eclipse, 2005
Primera Edición

Julián Alvarez 843 - (C1414DRQ)
Ciudad Autónoma de Buenos Aires
Telefax: (5411) 4771-3583
info@deleclipse.com
www.deleclipse.com

ISBN 987-9011-67-8

CDD A863.928 2	Gandman, Alexiev Los planos de mi ciudad 1a ed. – Buenos Aires: Del Eclipse, 2005. 40 p. ; 26x18 cm. (Libros álbum del eclipse) ISBN 987-9011-67-8 1. Narrativa Infantil y Juvenil Argentina. I. Título

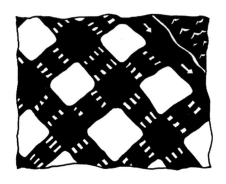

Los Planos
de mi Ciudad

alexiev gandman

Mi ciudad es muy rara;
sus secretos y misterios
la hacen indudablemente maravillosa

e incomprensible.

(al menos para mí)

Para entender mi ciudad
la recorrí integramente,

y dibujé sus planos.

Tracé los planos de sus casas,

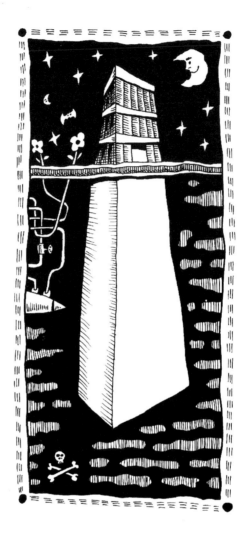

y de lo que hay debajo

(los cimientos de mi ciudad)

Encontré las minas
de donde salen todos los materiales
que hacen a mi ciudad.
y dibujé sus planos.

Descubrí los seres
que cargan esos materiales
    (desde las profundidades de mi ciudad)

Me encontré en el río
que baña las costas de mi ciudad
y dibujé sus planos.

Seguí los caminos del agua de mi ciudad

y así llegué a la periferia
(los entornos de mi ciudad)

y dibujé sus planos.

Miré hacia arriba

¿cómo hacían los habitantes
del espacio para no chocarse?
Mi ciudad continuaba en el cielo
            (las alturas de mi ciudad)
        y dibujé sus planos.

Conocí las manos
que mantenían blanca a la Luna

y también descubrí ciudades en otros planetas

tan misteriosas
y llenas de secretos
como mi ciudad.

Y dibujé sus planos.

Mi ciudad es muy rara.
La conozco bien: es maravillosamente inexplicable.

Y dibujé los planos
de mi habitación.

Tal como en el Universo,
allí empieza y termina mi ciudad
                    (al menos para mí)

Otros títulos de la colección

La Línea
Beatriz Doumerc y Ayax Barnes

Cosas, cositas
Nora Hilb

Un rey de quién sabe dónde
Ariel Abadi

¿Quién está detrás de esa casa?
Graciela Repún y Mónica Weiss

El ratón más famoso
Istvansch

La hormiga que canta
Laura Devetach y Juan Lima

Los piojemas del piojo Peddy
Davis Wapner y Roberto Cubillas

Circo
Fernando González

Piñatas
Isol

Mamá del Cosmos
Sergio Kern

¡Poc!¡Poc!¡Poc!
Gustavo Roldán (H)

Tuk es Tuk
Claudia Legnazzi

Plutarco
Saúl Oscar Rojas

Esta edición de 2500 ejemplares,
realizada en papel ilustración de 130 g
y escrita en tipografía Spumoni LP y Kids,
se terminó de imprimir en el mes de Octubre de 2005
en Cooperativa Gráfica Mercatali, Avenida Pavón 4265,
Ciudad Autónoma de Buenos Aires, Argentina.